AF240424

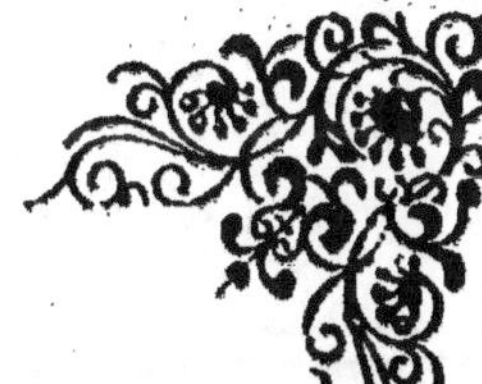

CATALOGUE

DE

TABLEAUX

ANCIENS ET MODERNES,

DES DIVERSES ÉCOLES,

Qui composent la 2me partie du cabinet de M. le docteur CORNIC,

ancien Médecin en chef à l'Hôtel des Invalides,

DONT LA VENTE AURA LIEU,

HOTEL DES VENTES,

RUE DES JEUNEURS, 42,

LE LUNDI 18, ET LE MARDI 19 MARS 1850,

heure de midi,

Par le ministère de Me **BONNEFONS DE LAVIALLE**,
Commissaire-Priseur, rue de Choiseul, 11.
Assisté de M. **DEFER**, Expert, quai Voltaire, 21.
Chez lesquels se distribue le présent Catalogue.

EXPOSITION PUBLIQUE.

Le Dimanche 17 Mars 1850, de midi à cinq heures.

PARIS

IMPRIMERIE ET LITHOGRAPHIE DE MAULDE ET RENOU,
Rue Bailleul, n. 9 et 11, près le Louvre.

1850

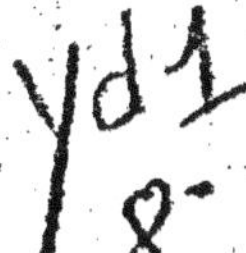

CATALOGUE

DE

TABLEAUX

ANCIENS ET MODERNES,

DES DIVERSES ÉCOLES,

Qui composent la 2me partie du cabinet de M. le docteur CORNAC,
ancien Médecin en chef à l'Hôtel des Invalides,

DONT LA VENTE AURA LIEU,

HOTEL DES VENTES,

RUE DES JEUNEURS, 42,

LE LUNDI 18, ET LE MARDI 19 MARS 1850,
heure de midi,

Par le ministère de Me **BONNEFONS DE LAVIALLE,**
Commissaire-Priseur, rue de Choiseul, 11.
Assisté de M. **DEFER,** Expert, quai Voltaire, 21.
Chez lesquels se distribue le présent Catalogue.

EXPOSITION PUBLIQUE.

Le Dimanche 17 Mars 1850, de midi à cinq heures.

PARIS

IMPRIMERIE ET LITHOGRAPHIE DE MAULDE ET RENOU,
Rue Bailleul, n. 9 et 11, près le Louvre.

1850

AVERTISSEMENT.

Cette 2me partie de la collection de M. le Docteur Cornac, de même que la première, se compose de jolis tableaux des diverses écoles, parmi lesquels on remarque ceux des maîtres suivants : par Griffier, Van Vitelli, Charpentier, Yallin, Bertin, Mallet, Duval, Suebach, Duplessis, Michel, Kobel, Ommeganck, Teniers, Swagers, Senave, Bilcocq, Janson, etc., etc.

Nous espérons que la faveur que nous avons obtenue du public amateur, à la vente de la 1re partie, due à l'abandon loyal des tableaux à la chaleur des enchères, nous sera continuée, d'autant qu'il en sera de même pour cette 2me partie.

CONDITIONS DE LA VENTE.

Au comptant, cinq pour cent en sus des enchères.

DÉSIGNATION

DES

TABLEAUX.

---

1 — MONOGRAMME F. B. Une marine. Bon tableau de l'école hollandaise.

2 — FRANCK. Entrée de Jésus dans Jérusalem. Belle composition d'un grand nombre de figures.

3 — BRAUWER. L'Opérateur, trois figures. Cadre sculpté.

4 — FRANCK. Madone et ange, quatre figures. Tableau sur cuivre.

5 — VAN DER NEER (attribué à). Marine au clair de lune. Tableau sur bois.

6 — XAVIER LE PRINCE. Paysage avec figures. Très jolie esquisse.

7 — GUIBE (École du). Mère de douleur. Tableau de forme ovale et sur bois.

8 — SIMON DE PRAY. Portrait de Lamoignon. Forme ovale.

9 — VIGLIANI. Paysage avec ruines et figures pastorales dans le goût de Locatelli.

10 — VALIN (genre de). Enfants jouant au colin-
maillard. Tableau sur bois, huit figures.

11 — PIERRE DE LAER. Argus gardant la vache
Io.

12 — VAN THULDEN. Saint Roch guérissant les
pestiférés. Belle composition de l'école de
Rubens.

13 — MURILLO (Manière de). Assomption de la
Vierge; elle est reçue dans le ciel par
Jésus; autour d'elle quatre anges.

14 — GRIFFIER. Une vue du Rhin avec un grand
nombre de jolies petites figures. Bon tableau du maître.

15 — OBERMAN. Cheval blanc dans une écurie.

16 — BOILLY. Deux enfants jouant avec un oi-
seau.

17 — MOLNAER. Vue d'Amsterdam; un canal où
se voient des patineurs.

18 — VAN ULIET. Job sur le fumier. La composition et l'exécution de ce tableau rappel-
lent Rembrandt.

19 — LUCAS DE LEYDE. L'Adoration des mages,
huit figures à mi-corps. Tableau sur bois.

20 — BERTIN. Très beau paysage de style représentant une entrée de forêt; à droite deux
figures. Bon tableau du maître.

21 — CARPENTERO. Une vache qu'une femme trait
et des moutons dans un joli paysage.

22 — LONDONIO. Paysage où se voient des pâtres
et divers animaux. Bon tableau.

23 — LIANO dit le NAPOLITAIN. Halte de Bohémiens. Neuf figures.

23 bis. — DU MÊME. Composition analogue faisant le pendant.

24 — MALLET. Jeune femme près laquelle un jeune homme lit; une servante apporte des rafraîchissements. Joli tableau d'intérieur; il est sur bois.

25 — DUPLESSIS. Intérieur d'un camp avec divers épisodes militaires. Joli tableau; il est sur bois.

26 — SENAVE. Deux petits intérieurs : la Fileuse et la Nourrice. Bois.

27 — DUVAL. 1819. Une fête de village, un grand nombre de figures traitées avec esprit et d'une grande finesse d'exécution rend ce tableau très remarquable.

28 — SWAGERS. Le Coup de vent, effet d'orage et d'incendie. Très bon tableau de ce maître.

29 — MALBRANCHE. Effet de neige.

30 — GILLOT. Un concert, quatre figures, école de Watteau. Tableau sur bois.

31 — ISAIE VAN DE VELDE. Une bataille de cavalerie. Tableau sur bois.

32 — HACKERT. Paysage, entrée de forêt; un bel arbre au premier plan. Tableau sur bois.

33 — KOBEL. Un pacage; une vache et trois moutons en avant d'une chaumière. Tableau sur bois dans le goût de Paul Potter.

34 — CONSTANTIN NETSCHER. Portrait de madame la Duchesse de Vermandois.

35 — MICHEL. Charmant paysage, figure de Duval. Tableau sur bois.

36 — DU MÊME. Paysage, avec figures représentant une partie de chasse dans le goût de Wouvermans.

37 — OSTADE. Intérieur d'estaminet hollandais. Tableau sur bois.

38 — OMMEGANCK. Une bergère fait passer un gué à son troupeau de vaches et de moutons. Petite esquisse traitée avec esprit. Elle est sur bois.

39 — FRANCK. Saint François de Paul autour de son portrait. Dix sujets des actions de sa vie. Tableau sur cuivre.

40 — VAN ORLEY. Renaud et Armide entourée d'amours. Charmante miniature du plus précieux fini.

41 — SWEBACH. Un camp à l'entrée d'une ville. Bon tableau sur bois.

42 — CHARPENTIER. La laitière et le marchand d'œufs; au premier plan, deux enfants boivent du lait avec une paille. Agréable tableau rappelant Greuze.

43 — PRUD'HOMME. 1797. Les marchands de poissons au bord de la mer. Dix-sept figures.

44 — PETIT. 1792. Paysages avec animaux. Deux tableaux sur cuivre.

45 — JOUCK ou JONCK *fecit* (École allemande). Un chimiste occupé à écrire dans son laboratoire. Dans le fond, deux figures.

46 — GRIEFF. Deux tableaux intérieurs où se
voient du gibier et des légumes ; à l'un,
un fumeur, et dans l'autre une servante
plume une volaille.

47 — MOLYN. Paysage. Un chemin où se voient
divers animaux et pâtré ; au fond, une
ville de Hollande. Tableau sur bois.

48 — JOUCK ou JONCK *fecit*. Alchimiste étudiant
dans son cabinet. Tableau fin et sur bois.

49 — PAUL GILLEMAN (École flamande, signé). Des
fruits dans des corbeilles et plats du Ja-
pon posés sur une draperie qui recouvre
une table. Tableau d'une exécution soignée.

50 — VANVITELLI. Vue du Pont-Neuf de Paris à
l'époque de Louis XIV, orné de petites
figures très fines. Tableau sur bois.

51 — MARIGNAN (signé). Un ermite dans une grotte.
Tableau fin de ton dans le goût de ceux
de Naiveux.

52 — FRANCK. Le Passage de la mer Rouge. Tableau sur bois vigoureux de ton.

53 — ISAIE VAN DE VELDE. Une escarmouche ; au
premier plan, quatre cavaliers dont deux
sont cuirassés. Bon tableau sur bois.

54 — VANVITELLI. 1785. Vue prise à Rome sur
les bords du Tibre.

55 — BRUSTOLINI. Vue de la Douane à Venise sur
le grand canal. Tableau dans la manière
de Canaletti. Il fait le pendant du précédent.

56. — Philippe Roos. Paysage avec ruines, où se
voient des animaux et un pâtre passant un
gué.

56 bis. Du même. Paysage analogue, faisant le
pendant du précédent tableau.

57 — Absoven. Les Œuvres de miséricorde,
grande composition dans laquelle Absoven
a reproduit plusieurs des figures des tableaux de Teniers, son maître.

58 — Tileorg (genre de). Intérieur d'estaminet
hollandais. Tableau sur bois, signé P. I.
R.

59 — Palamedes. Quatre personnages dansent au
son de la guitare, de la flûte et du chant
de trois musiciens placés à gauche de la
composition. Tableau sur bois.

60 — Nani (Signé Giacomo). Lièvre et gibiers ac-
crochés à un arbre. Bon tableau dans la
manière de Weenix.

61 — Teniers (Signé du monogramme de David).
A la porte d'une maison, un vieillard qui
semble être un médecin est consulté par
quatre paysans.

62 — Franck. Sacrifice à un dieu du Paganisme,
composition d'un grand nombre de figures
très fines d'exécution. Tableau sur bois.

63 — Paul Potter (Ecole de). Quatre vaches dans
un paysage. Tableau sur bois.

64 — Van der Neer (Marqué du monogramme de).
Effet de clair de lune. Tableau sur bois.

65 — PALAMEDES. Un homme buvant à la santé
d'une compagnie de huit personnes qui
jouent et font de la musique.

66 — MALBRANCHE. Une rivière où se voient des
patineurs; effet de neige.

66 bis. — LE MÊME. Une effet de neige; des ruines
où se voit la forge d'un maréchal-ferrant.

67 — BAUDIN. 1823. Portrait d'homme; il est assis
devant une croisée où se voit la campagne.

68 — VAN DER LAAN. Deux figures dans un intérieur; une femme touche de la guitare,
et un homme chante. Tableau sur bois.

69 — DROLCHSLOST. Un archer conduit des pau-
vres vers un château, où ils vont rece-
voir l'hospitalité. Tableau sur bois.

70 — NETSCHER (École de Gaspard). Portrait de
madame de Maintenon, avec le duc du
Maine. Ce gracieux tableau sur bois porte
une signature que nous ne pouvons pas
lire; il est dans la manière de Netscher.

71 — PIERRE WOUVERMANS (Manière de). Des pa-
lefreniers turcs près d'une ruine, où ils
font abreuver leur troupeau. Tableau
sur bois.

72 — VAN DER CABEL. Paysage avec ruines et mar-
che d'animaux.

73 — CHAVANNE. Beau paysage dans le style de
Claude Lorrain; figures et animaux au
premier plan.

74 — TENIERS (Ecole de). Vue d'un village de Hollande; effet de clair de lune. Au premier plan, des paysans se chauffent.

75 — MARTIN. Le Passage du Rhin; au premier plan, Louis XIV dans l'attitude du commandement.

76 — TENIERS (Ecole de). Les Misères de la guerre; des soldats entrent en vainqueurs dans une ville hollandaise.

76 bis. — BILCOCQ. Une jeune femme offre une grappe de raisin à un enfant. Tableau sur bois.

77 — TENIERS (David). Une famille de Bohémiens, dont l'une d'elles dit la bonne aventure à un vieux paysan, près duquel est un enfant. Très joli petit tableau dit les Déjeuneurs de Teniers. Il est sur bois.

78 — GONZALÈS COQUES. Portrait d'homme à une croisée. Tableau sur bois.

79 — HUET. Deux moutons et béliers, et deux coqs, au premier plan en avant d'un massif d'arbres; dans le fond, un colombier. Bon tableau.

80 — KOBEL. Un taureau dans un paysage; à gauche d'autres animaux.

81 — VAN BLOM. Divers paysans avec des chevaux sont arrêtés à une auberge, à gauche une famille de paysan se repose.

82 — KOBEL (Ferdinand). Un cavalier demande son chemin à un paysan occupé à traire une vache, divers autres animaux, mou-

tons et vache. Tableau sur bois, dans le
goût de Van de Velde.

83 — ECOLE ALLEMANDE XVIIIe siècle. Intérieur
familier où se voit un paysan à table, buvant, et une femme tenant un enfant. Bois.

84 — MÊME ÉCOLE. Scène familière, un homme et
une femme près d'un puits. Bois.

85 — HORREMANS. Un repas Flamand, composition rappelant celle de Teniers. Tabl. sur
bois.

86 — TENIERS (attribué à). Une buvette hollandaise, à gauche plusieurs paysans à table.
Bois.

87 — PAU DE ST-MARTIN. Un moulin à eau, très
jolie étude d'après nature.

88 — SOLIMÈNE. La vierge et l'Enfant-Jésus sur
ses genoux.

89 — MARTIN. Prise d'une ville de Flandre par
Louis XIV en personne.

90 — VERBOCKOVEN (attribué à). Un âne et deux
moutons dans un pré. Tabl. sur bois.

91 — VAN GOYEN. Paysage, une rivière avec em-
barcation, à gauche une habitation et des
arbres. Bon tableaux sur bois.

92 — JANSON 1767. Vue d'un canal de Hollande,
joli petit tableau d'une grande finesse de
ton, rappelant Vander Heyden. Tableau
sur bois.

93 — VAN HELMONT. Une danse flamande a l'imi-
tation de Teniers. Tableau sur cuivre.

94 — OMMEGANCK. Trois moutons au bord d'une
rivière, plus loin deux petits agnelets
et une petite fille assise, vue par le dos.
Belle esquisse très lumineuse de ton, elle
est sur bois.

95 — VAN TOL. Jeune flamande dans un intérieur
de cuisine où elle est entourée de divers
accessoires.

96 — PIERRE DE LAER. Deux paysans assis dans
une campagne, dont l'un se chauffe à un
gueux et l'autre fume. Tableau sur bois.

97 — L'ALBANE. Le repos de la Sainte Famille,
composition connue sous le titre de la
Laveuse.

98 — ECOLE ESPAGNOLE. La Vierge et l'Enfant-
Jésus dans une gloire d'anges, et adoré
par plusieurs saints. Tableau sur marbre
attribué à Alonzo Cano.

99 — ECOLE ESPAGNOLE. Cinq saints auxquels ap-
paraît le Saint-Esprit. Tableau sur al-
bâtre.

100 — PORBUS. Quatre magistrats dont deux tien-
nent chacun un livre, une croix placés
sur la poitrine de chacun d'eux, semble
indiquer qu'ils appartiennent à une con-
frérie.

101 — MURILLO (genre de). Vierge dans des nues.

102 — LAURENT D'ORLÉANS. Des fruits, pêche,
fraises et prunes.

103 — BREUGHEL ET ROTTENHAMER. Jésus et les dis-
ciples d'Emaüs. Tableau sur bois.

104 — Michau. Petite famille au devant d'une chau-
      mière.

105 — Hobbema (attribué à). Un moulin à eau, à
      droite l'entrée d'une forêt. Cette composi-
      tion est tout-à-fait identique à celle de ce
      maître.

106 — Casanove. Une bataille de cavalerie.

107 — Breughel. Vue d'un village hollandais, effet
      d'hiver.

108 — Absove. Le chimiste à son laboratoire, dans
      le fond deux figures. Tableau sur bois.

109 — Van Artois. Paysage, entrée de forêt, au
      premier plan des figures et animaux dans
      le goût de Berghem.

110 — Rigaud (école de). Portrait en pied de
      Louis XIV.

111 — Stella. Le frappement du rocher, compo-
      sition de Nicolas Poussin.

112 — Raphael (école de). Les apôtres, St-Pierre,
      St-Barthélemy, St-Thomas et St-Philippe,
      dans un même cadre.

113 — Franck. St-Jean préchant au milieu d'un
      grand nombre d'auditeurs. Tableau sur
      bois.

114 — Van Dyck (école de). Vierge et Enfant-Jé-
      sus dans une gloire.

115 — Lanfranc. La barque de St-Pierre. Compo-
      sition gravée.

116 — Hackert (Philippe). Un arc de triomphe de
      Rome. Bon tableau d'architecture.

117 — FRANCISQUE MILLET. Paysage de style avec
figures, Jésus donnant les clefs à Saint-
Pierre. Bon tableau.

118 — PAUL BRIL. Beau paysage, intérieur de forêt avec personnages en riches costumes
au premier plan.

119 — RIBERA DIT L'ESPAGNOLET. Invocation à la
Vierge, un moine à genoux et devant lui
un enfant pour lequel il implore la pro-
tection de la Vierge.

120 — LE BORNE PÈRE. Départ d'un croisé pour
la Terre Sainte; intérieur. Tableau sur
bois

121 — FRA BARTHOLMÉO (composition dans le style
de), Sainte-Famille, Sainte-Anne et Saint-
Louis de Gonzague, il est à genoux et tient
une branche de lys. Tableau sur bois.

122 — ECOLE HOLLANDAISE. Portrait d'un médecin
présumé Boerhaave, il tient à la main une
tabatière dans laquelle il vient de priser.
Portrait d'une grande vérité d'exécution.

123 — ECOLE HOLLANDAISE. Portrait d'homme avec
l'année 1650. Tableau sur bois.

124 — TOURNIÈRE. Portrait d'un financier, d'une
exécution fine et soignée.

125 — PETIT. Des animaux dans un pâturage, joli
petit tableau.

126 — PIERRE BOUT. Les marchands de poissons
sur la plage de Schevelling. Tableau sur
bois.

127 — VAN BLOMEN. Pâtre jouant de la flûte et
bergère filant, ils gardent leurs troupeaux.
Beau tableau sur bois.

128 — SCHEITZ 1722. Intérieur d'une ville de Hollande, à gauche un cimetière. Tableau
sur bois.

129 — TILBORG. Deux fumeurs à une table à droite,
plus loin un homme se dirige vers un
village dans le fond.

130 — C. COENE. Scène familière, une mère et ses
deux enfants. Tableau sur bois.

131 — WEENIX (composition dans le goût de).
L'enfant Prodigue. Tableau sur bois.

132 — FRANCK. L'Adoration des bergers. Tableau
sur bois.

133 — VALLIN. Une Bacchanale, miniature sous
verre.

134 — CHARDIN (genre de). Une petite tricoteuse,
peint sur nacre.

135 — DOLCI (genre de C.), Le sauveur, peint sur
cornaline.

136 — DANLOUX. Deux portraits d'homme et de
femme, dans le goût de Greuze. Ils sont
de forme ovale.

137 — BOURDON (Sébastien). Etudes de mendiants,
divers accessoires dont une cuirasse se
voit à droite. Tableau sur bois.

138 — MOLNAER. Un buveur, tableau sur bois.

139 — PETIT. Bergère et son troupeau dans un
paysage. Tableau sur cuivre.

140 — LAURENT. Prunes et pêches.

141 — Du Même. Des pêches sur une table.

142 — Senave. Le marchand de mouchoir, à droite un menuisier à son établi. Tableau sur bois.

143 — Pau de Saint-Martin. Un paysage, au premier plan à droite un pêcheur. Bon tableau sur bois.

144 — Vallin, 1822. Beau paysage historique, figures, épisode d'Homère.

145 — Schawerge. Paysage ou se voit un moulin et au premier plan un pêcheur. Autre paysage avec rivière et un berger gardant son troupeau. Deux tableaux sur bois.

146 — Pierre Wouvermans. Pêcheur au bord de la mer. Tableau sur bois.

147 — Mlle Jenny le Grand. Intérieur d'une ferme.

148 — Senave. Une mère et ses deux enfants. Petit tableau sur bois.

149 — Van Helmont. Cabarets flamands. Deux petits tableaux.

150 — La Fargue. Intérieur de ville de Hollande. Deux tableaux sur bois.

151 — Bilcocq. Intérieur avec trois petites figures. Tableau sur bois très fin.

152 — Suite de costumes vénitiens, hommes et femmes. Six tableaux sur cuivre.

153 — Fragonard. La Fontaine d'amour, peint sur porcelaine.

154 — Sarrazin. Deux petits paysages en rond.

155 — VALLIN. Deux petits paysages de forme ronde
et sur bois.

156 — ALBANE (composition de l'). La Nativité et
repos en Egypte. Deux tableaux sur
cuivre.

157 — INCONNU. Ancienne vue du Vésuve. Tableau
sur cuivre..

158 —. BEYS. Costumes italiens dont des mangeurs
de Macaroni. Deux tableaux.

159 — FIXÉ et MINIATURES. Quatre bouquets de
fleurs, au milieu une miniature de femme
dans un même cadre.

160 — Cinq fixés, dont deux de Vernet, deux de
Sueback, et deux émaux dont un portrait,
et Vénus et l'Amour.

(3700) - Imp. Maulde et Renou, r. Bailleul, 9-11.